Bibliografische Information der Deutschen Nationalbibliothek:

Die Deutsche Bibliothek verzeichnet diese Publikation in der Deutschen National-
bibliografie; detaillierte bibliografische Daten sind im Internet über http://dnb.d-
nb.de/ abrufbar.

Dieses Werk sowie alle darin enthaltenen einzelnen Beiträge und Abbildungen
sind urheberrechtlich geschützt. Jede Verwertung, die nicht ausdrücklich vom
Urheberrechtsschutz zugelassen ist, bedarf der vorherigen Zustimmung des Verla-
ges. Das gilt insbesondere für Vervielfältigungen, Bearbeitungen, Übersetzungen,
Mikroverfilmungen, Auswertungen durch Datenbanken und für die Einspeicherung
und Verarbeitung in elektronische Systeme. Alle Rechte, auch die des auszugsweisen
Nachdrucks, der fotomechanischen Wiedergabe (einschließlich Mikrokopie) sowie
der Auswertung durch Datenbanken oder ähnliche Einrichtungen, vorbehalten.

Impressum:

Copyright © 2013 GRIN Verlag, Open Publishing GmbH
Druck und Bindung: Books on Demand GmbH, Norderstedt Germany
ISBN: 9783668209466

Dieses Buch bei GRIN:

http://www.grin.com/de/e-book/322286/warum-kleidet-sich-der-mensch-ein-
ueberblick-ueber-soziologische-psychologische

Karolin Strohmeyer

Warum kleidet sich der Mensch? Ein Überblick über soziologische, psychologische und psychoanalytische Faktoren

GRIN Verlag

GRIN - Your knowledge has value

Der GRIN Verlag publiziert seit 1998 wissenschaftliche Arbeiten von Studenten, Hochschullehrern und anderen Akademikern als eBook und gedrucktes Buch. Die Verlagswebsite www.grin.com ist die ideale Plattform zur Veröffentlichung von Hausarbeiten, Abschlussarbeiten, wissenschaftlichen Aufsätzen, Dissertationen und Fachbüchern.

Besuchen Sie uns im Internet:

http://www.grin.com/

http://www.facebook.com/grincom

http://www.twitter.com/grin_com

Warum kleidet sich der Mensch? Ein Überblick über soziologische, psychologische und psychoanalytische Faktoren

Karolin Strohmeyer

Inhaltsverzeichnis:

Einleitung

Modische Kleidung, also Mode, ist abzugrenzen gegen Kleidung, die nicht auf die Mode verweist, sondern andere Bedeutungen besitzt oder konkrete Funktionen erfüllt (z.B. Schutzkleidung, Sportkleidung) oder kulturelle Kleidung, die stark normiert ist (z.B. Militärkleidung, Trachten oder Priestergewänder).

Oft hängen Kleidung und Persönlichkeit eng miteinander zusammen. So sind Kleidungseinstellungen mit „Geschlechtsrollenklischees und Persönlichkeitsvariablen verknüpft."[1] Folglich werden dem Kleidungsträger nur durch eine bestimmte Farbe, Form oder Muster eines Kleidungsstückes bestimmte Attribute zugeschrieben. Dies hat auch ELKE DRENGWITZ für Frauen und ihre Persönlichkeitsmerkmale formuliert.[2] Einigen Attributen sind wir uns vollends bewusst und setzen gerade diese bestimmten Kleidungsstücke buchstäblich taktisch-strategisch ein, um eine bestimmte Botschaft unseres Selbst auszulösen. Dabei verschmelzen reale Selbsteinschätzung, Ideal-Selbstdefinition und Wunschvorstellung miteinander. Wiederum gibt es einige Menschen, die ‚aus der Reihe tanzen‘ möchten, um gerade gegen die gedachten Attribute anzukämpfen. Weiter kann Kleidung einen Menschen zu einem völlig anderen werden lassen - nebensächlich von dem Aspekt der Persönlichkeitsmerkmalszuschreibung. So kann Kleidung diverse Körperstellen verhüllen, korrigieren und in Szene setzen, aber auch Makel verstecken und ‚anpassen‘. Das meiste davon wird getan, um gut auszusehen, sein Gegenüber zu beeindrucken und nonverbal zu kommunizieren. Warum nun kleidet sich der Mensch überhaupt? Als Antwort auf diese Frage lassen sich zunächst einmal grundlegende Motive finden wie Schutz, Scham und Schmuck, aber es gehören auch soziologische, psychologische und psychoanalytische Faktoren dazu, auf die im Folgenden eingegangen wird.

---

[1] DOLLASE, Rainer in: BAACKE, Dieter u.a.: Jugend und Mode. Kleidung als Selbstinszenierung. Leverkusen 1988, S. 117.
[2] ebd.: S. 118.: „*romantisch verspielt*‘ kleiden sich ‚sensible, gefühlsbetonte und anlehnungsbedürftige Mädchen und Frauen‘, sie tragen z.B. wehende Kleider, Rüschen-Kleider und weich fallende Blusen. ‚*sportlich-sachlich*‘ kleiden sich ‚betont natürliche, kameradschaftliche, vitale, fröhliche und verläßliche Mädchen und Frauen‘, sie tragen z.B. saloppe Hosen, Faltenröcke, Rippenpullis und kurze Jacken. ‚*feminin-aktiv*‘ kleiden sich ‚weiblich-reizvolle, einfühlsame und anpassungsbereite‘ Damen, sie tragen z.B. adrette, figurbetonte Kleider, Blusen/Pullover in Kombination mit Rock. ‚*emanzipiert-dynamisch*‘ kleiden sich ‚elegante, darstellungsbetonte und selbstbewußte Mädchen und Frauen‘, sie tragen z.B. Jackenkleider, Complets, elegante Nachmittags- und Abendkleider. ‚*progressiv-extravagant*‘ kleiden sich ‚eigenwillige, demonstrative, fortschrittliche und betont nonkonformistische Mädchen und Frauen‘, sie tragen, was gefällt - Hauptsache es ist ungewöhnlich und sehr individuell."

1. Die Schutz-Theorie

Menschen können in unseren Breitengraden nicht völlig ohne Kleidung auskommen. So ist Kleidung in der Schutz-Theorie, auch genannt ‚The Protection Theory', folglich ein Ersatz für körperliche Mängel gegenüber anderen Lebewesen.[3] Zunächst liegen Aspekte des Schutzes gegen Kälte, Hitze, Staub, Nässe, Wind und vor Verletzungen durch z.B. Insekten oder Dornen nahe. Das Kleidungsverhalten begann von „dem Augenblick an, da der Mensch die Funktion der Kleidung als Schutz gegen Unbill der Natur entdeckte."[4] Diese in unserer Gesellschaft geläufigsten Aspekte sollten allerdings nicht überbewertet werden. Auch in bestimmten Berufsgruppen[5] wird strapazier- und widerstandsfähige Schutzkleidung benötigt. Vor allem heutzutage - so FLÜGEL[6] - wird gerade unter dem Aspekt der Hygiene eher zu viel als zu wenig Kleidung getragen. Weiter kann Kleidung einen physischen Schutz in extremen Situationen bieten, aber auch einen psychischen[7]. „Unter dem Gesichtspunkt des körperlichen Schutzes kann man Bekleidung - neben Ernährung, Unterkunft usw. - zu den menschlichen Grundbedürfnissen rechnen."[8]

2. Die Scham-Theorie

Vergleichbar stellt die Nacktheit in der Scham-Theorie, auch ‚Modesty Theory' genannt, einen körperlichen Mangel dar, wobei auf die eigene Blöße mit Scham[9] reagiert und der Wunsch nach Bedeckung hervorgerufen wird. So steht bereits in der Bibel 1. Mose 3,7: „Da wurden ihnen beiden die Augen aufgetan und sie wurden gewahr, dass sie nackt waren, und flochten Feigenblätter zusammen und machten sich Schurze."[10]

---

[3] Andere Lebewesen wie Tiere haben z.B. einen Panzer, Fell oder ein Federkleid, welches sie schützt.
[4] JUSTO, Graciette Ruf da Cunha Duarte: Kleidung als symbolische Selbstinszenierung. Nonverbale Botschaften über das Individuum. Diplomarbeit für die Prüfung zum Erwerb des Akademischen Grades. Kassel 2005, S. 2.
[5] Schutzkleidung im Krieg oder Ausrüstungen im Sport und bei anderen Arbeiten.
[6] FLÜGEL, John C. in: EBNER, Claudia C.: Kleidung verändert. Mode im Kreislauf der Kultur. Bielefeld 2007, S. 17.
[7] Psychischer Schutz vor Geistern, Krankheiten oder auch ‚moralischen Gefahren'. Dieser Schutz beinhaltet z.B. die Mönchskutten als Schutz vor Verführung, der Businessanzug speziell bei Frauen vor unmoralischen Angeboten oder die Bernsteinkette für die Reifung der Milchzähne.
[8] WIRTZ, Hermann-J. (Hrsg.): Kleider machen Leute - Leute machen Kleider. Baumwolle, Textilien und Bekleidung in der Weltwirtschaft. 1. Auflage, Düsseldorf 1981, S. 17.
[9] Schamgefühl als negativ empfundener Hemmungsimpuls. Steht als erste Instanz gegen sexuelle Formen der Zurschaustellung.
[10] DIE BIBEL MIT APOKRYPHEN nach der Übersetzung Martin Luthers in der revidierten Fassung von 1984. Stuttgart 1999, S. 5.

Die Position gegen Nacktheit stellt sich gegen die eigene Neigung oder Neigung Anderer, gegen Unterdrückung eines Wunsches oder Befriedigung, Ekel oder Missbilligung und kann sich auf verschiedene Körperteile richten. Im Gegensatz dazu, seine körperlichen Reize offen zu zeigen, steht nun die Neigung, sie schamhaft zu verhüllen. Nach HERMANN WIRTZ ist es sogar so, dass „besonders prüde Menschen jede Andeutung von Sinnlichkeit tunlichst vermeiden [wollen].“[11] Jeder Mensch, jede Gesellschaft und jede Kultur kennt das Schamgefühl und läuft daher - jeder nach seinen eigenen Maßstäben dafür, was anständig, sittlich oder schamhaft ist - nie ganz nackt herum. „Ohne Körperbemalungen, passende Frisuren, Lendenschnur, Stammestätowierungen, Schmuck oder eben nur die Bedeckung bestimmter Körperpartien kamen sich die in tropischen Regionen lebenden Landbewohner genauso schamlos nackt vor wie wir ohne entsprechenden Anzug im Büro.“[12]

3. Die Schmuck-Theorie

Schmücken (‚The Decoration Theory') und Verzieren des Körpers ist das grundlegendste Motiv der Kleidung und der ästhetische Hauptantrieb des Menschen. FLÜGEL klassifiziert das Schmücken in Verführung, Trophäen und Einschüchterung, Rang-, Berufs-, regionale und nationale Abzeichen und Zurschaustellung von Reichtum[13]. Auch hier besteht ein Mangelgefühl, weiter noch ein Minderwertigkeitsgefühl, welches wir versuchen, durch Schmücken und Bereichern unseres Selbst zu unterbinden. Zu Schmuck gehören auch Bemalungen, Ziernarben, Tattoos u.v.m. Dabei muss nach FRANZ KIENER von einer Ansprechbarkeit für Schmuck ausgegangen werden. Das heißt ein gewisses Gespür für Schmuck setzt ein gewisses Empfinden für Schönheit voraus.[14] Der Drang des Schmückens im Sinne des Verschönerns geht in einigen Gesellschaftsgruppen „über das Bekleidungsverhalten hinaus bis zu körperlichen Eingriffen.“[15] Dabei beinhaltet diese Ansicht nicht nur Piercings und Tattoos, sondern auch jegliche weitere ästhetisch-ärztliche Eingriffe.

Bei Kindern lassen sich diese drei Funktionen recht leicht ablesen. Für die Schutzfunktion ist zumeist - besonders bei Kleinkindern - die Mutter zuständig, die dafür sorgt,

---

[11] WIRTZ, Hermann-J.: Düsseldorf 1981, S. 23.
[12] PAYER, Margarete und PAYER, Alois: Freie Informationen für freie Bürger: Länder und Kulturen – Internationale Kommunikationskulturen. In: http://www.payer.de, Kapitel 10: Kulturelle Faktoren – Kleidung und Anstand, 3.3 Schamvermeidung als Funktion von Kleidung. Stuttgart 2001.
[13] vgl.: FLÜGEL, John C. in: EBNER, Claudia C.: Bielefeld 2007, S. 18 ff.
[14] vgl.: KIENER, Franz: Kleidung, Mode und Mensch. München/Basel 1956, S. 50.
[15] WIRTZ, Hermann-J.: Düsseldorf 1981, S. 19.

dass ihr Kind witterungsgemäß und praktisch gekleidet ist. Die Schamfunktion ist bei Kleinkindern recht wenig ausgeprägt, sie laufen im Sommer auch gern als Nackedei herum. Mit zunehmendem Alter macht sich dann aber Scham breit und Mädchen verlangen, bevor überhaupt Brustansätze zu erkennen sind, nach Badeanzügen oder Bikinis - sicherlich auch ihrem Nachahmungstrieb folgend. Am ausgeprägtesten ist die Schmuckfunktion: Welches Kind freut sich nicht über den Inhalt einer Verkleidungskiste? Wie oft wird Mamas Lippenstift verwendet, um sich zu verschönern? Und wie gern schlüpfen kleine Mädchen in die Highheels ihrer Mutter? Allerdings lässt sich sagen, dass diesen drei grundlegenden Motiven für Kleidung neben ihren Funktionen eine weitere Leistung zuzuschreiben ist und zwar die Ausdrucksfunktion, denn Scham- und Schmuckverhalten als vestimentäre (die Kleidung betreffende) Funktion offenbart etwas über die Person des Trägers, drückt sein Inneres symbolisch aus. Somit ermöglichen bereits diese Funktionen Kleidung nonverbale Kommunikation, da sie Mitteilungen über ihren Träger machen.

4. Die soziologische Sicht

In erster Instanz ist Kleidung aus soziologischer Sicht ein Symbol, d.h. Menschen demonstrieren mit ihrer Kleidung ihr soziales Milieu und ihre dazugehörige Wertorientierung. Eine Einteilung in unterschiedliche Gruppierungen findet statt. EVA-MARIA ZIEGE stellt die Bedeutsamkeit der Mode dar, die nicht nur als klarste Form der Unterscheidung dient, sondern auch der Kommunikation und somit auch einer Annäherung zweier Individuen. Mode entpuppt sich folglich als ein „nicht wegzudenkender Gegenstand der klassischen Soziologie."[16] Dabei setzt ZIEGE zwei Schwerpunkte für ihre Ausführungen fest, nämlich Mode als Unterscheidungsmerkmal von Zentrum und Peripherie, also auch öffentlicher und privater Sphäre, und Mode als Zeichensystem für Kommunikation. Für den Wechsel der Mode werden von verschiedenen Soziologen unterschiedliche Aspekte verantwortlich gemacht z.B. das Handeln von Konsumentinnen und Konsumenten oder das Konkurrenzdenken auf dem kapitalistischen Markt. So lässt vor allem die marktbildende Kraft des Luxus Kleiderordnungen verschwinden, aber trotzdem Unterschiede bestehen. Deutlich bleiben Unterschiede zwischen Frauen- und Männerbekleidung, zu einigen Zeiten klar und eindeutig, zu anderen milder und verschwommener. Für die heutige Zeit ist auffällig, dass Frauen sich verstärkt

---

[16] ZIEGE, Eva-Maria: Die Kunst der Unterscheidung. Soziologie der Mode. In: Leviathan, März 2011, Heft 1, S. 143.

der Männerkleidung bedienen, andersrum es aber geradezu zu Zurückweisungen kommt. Natürlich gibt es hierbei auch Ausnahmen. Soziologisch betrachtet belegen Studien, dass die Mode durch Nachahmung ihren Unterscheidungscharakter verliert und dadurch entwertet wird.[17] Formen in der Mode ändern sich nach einem Regelmuster und zwar recht langsam. Infolgedessen ist Mode „ein geordnetes Phänomen und diese Ordnung der Mode ist selbsttragend"[18]. Dabei kann ihre Entwicklung sich diskontinuierlich fortsetzen, aber auch endogen verlaufen - ausgenommen die saisonalen (Mikrodiachronie) Variationen. Zusätzlich zu praktischen Aufgaben der Kleidung und Mode erfüllt sie auch wesentliche psychische und soziale Funktionen, welche der Markt der Textil- und Bekleidungsindustrie auch auf ökonomischer Ebene reflektiert. Zusammenfassend ist Modewandel demnach eine komplexe sozialpsychologische Reaktion auf gesellschaftlichen Wandel, der sich orientiert an einem Zeitgeistmodell, welches sozialpsychologische mit soziologischen und semiotischen Aspekten verbindet - so wie ZIEGE es darstellt. Damit schließt ZIEGE sich der Ansicht BLUMERS[19] an, dass Mode aus vielfältigen Möglichkeiten kollektiv ausgewählt wird.

Meiner Ansicht nach ist das Modell von SOMMER[20] einleuchtender, da er die kollektive Wahl einschränkt auf einzelne soziale Gruppierungen. Dabei ordnet er präzise unterschiedlichen sozialen Milieus - angelehnt an das Milieu-Konzept des Heidelberger Sinus-Instituts aus dem Jahr 1986 - Lebensziele und -stile zu, aus denen der getragene Kleidungsstil resultiert[21]. Für das Kleidungsverhalten von Kindern aus soziologischer Sicht ist die Betrachtung des Lebenslaufes von entscheidender Wichtigkeit.

---

[17] vgl.: ebd. S. 146.
[18] ebd. S. 147.
[19] vgl.: BLUMER, Herbert in: SCHNIERER, Thomas: Modewandel und Gesellschaft. Die Dynamik von „in" und „out". Opladen 1995, S. 68 f.
[20] vgl. ebd., S.74 ff.
[21] Der hier wiedergegebene Ausschnitt bezieht sich auf die Zuordnung von Milieu und Kleidungsstil. Im „konservativ gehobenen" Milieu trägt man z. B. einen „zeitlosen, gediegenen Kleidungsstil mit dem Bestreben nach Distinktion", im „kleinbürgerlichen" Milieu trägt man „unauffällige, zweckmäßige, natürliche" Kleidung, im „aufstiegsorientierten" Milieu bevorzugt man „korrekte, exklusive und zeitgemäße" Kleidung und im „hedonistischen" Milieu wird der Kleidungsstil bestimmt vom Willen, „anders aussehen zu wollen. Kleidungsstile werden provokativ zur Massenmode gesetzt." Hier sind auch die Gruppenstile jugendlicher Subkulturen angesiedelt.

5. Die psychologische Sicht

Mode geht jeden in gewisser Weise etwas an, denn jeder kleidet sich irgendwie und vielleicht sogar auch nach einem Vorbild. Unsere Persönlichkeit wird durch unsere Kleidung und die Mode ausgedrückt. Immer versuchen wir, den Kompromiss zu finden zwischen der Tendenz zum Allgemeinen und Gleichartigen (Kollektiven) und der zum Besonderen und Einzigartigen (Individuellen). Das Urexempel dafür, dass Mode Macht besitzt, ist die Novelle „Kleider machen Leute" von GOTTFRIED KELLER aus dem Jahre 1874[22]. Bereits hier wird die Thematik der Täuschung durch Äußerlichkeiten und Statussymbole bis hin zur Verdeckung des Seins durch einen schönen Schein aufgegriffen[23]. Nach GEORG SIMMEL[24] ist Mode ein Produkt klassenmäßiger Scheidung. Mode und Kleidung beinhalten nicht nur soziale Funktionen, sondern auch psychische. So stellt Mode als Anschluss an Gleiche und Abschluss zu Anderen eine große Relevanz dar. Aber nicht nur in diesen Bereichen ist die Rede von Modepsychologie. Die psychologische Grundfunktion von Kleidung ist die Demonstration von Objektivierung und der Ausdruck eigener Identität.[25] Kleidung kommt - wie auch Redewendungen wie ‚Kleidung als die zweite Haut' zeigen - eine besondere psychologische Bedeutung zu. Nach HOFFMANN gibt es zwei Gebrauchsformen von Kleidung, den einfügenden und den expressiven Gebrauch. Beide Formen bedienen sich der Kleidersprache. So fügen beruhigende und zuordnende Kleidungsstile in die Gesellschaft ein und ersparen dem Träger das Unverständnis der Gruppe, expressive Kleidung dient der Abgrenzung.[26]

---

[22] In der Novelle *„Kleider machen Leute"* geht es um den Schneiderlehrling Wenzel Strapinski, der aufgrund seiner äußeren Erscheinung (Kleidung) aber auch seiner vornehmen Art in einer kleinen Stadt namens Goldach für einen wohlhabenden Edelmann gehalten wird. Er nutzt die Situation so lange aus und genießt seine ihm neu zugeschriebene Rolle, bis sein alter Chef auftaucht und alles aufklärt. Bereits damals verstand es KELLER, Themen wie Standesunterschiede, Statussymbole und Äußerlichkeiten in seiner Novelle amüsant zu verarbeiten. Der Autor-Erzähler spielt bewusst mit dem Doppelsinn des Sprichworts „Kleider machen Leute", dem kritischen, welcher besagt, dass die Welt sich nur zu gerne täuschen lässt, und dem anerkennenden, welcher besagt, dass man es sich und andern schuldig ist, Wert auf sein Äußeres zu legen.

[23] vgl.: KELLER, Gottfried: Kleider machen Leute. Reclam, Stuttgart 2000.

[24] SIMMEL, Georg: Zur Psychologie der Mode. Soziologische Studie. In: KANNER, Heinrich u.a. (Hrsg.): Die Zeit. Wiener Wochenschrift für Politik, Volkswirtschaft, Wissenschaft und Kunst. 5. Band 1895, Nr. 54, S. 22-24.

[25] SOMMER, Carlo Michael: Der soziale Sinn der Mode. Kleidung und Mode aus sozialpsychologischer Sicht. In: HOLENSTEIN, André u.a. (Hrsg.): Zweite Haut. Zur Kulturgeschichte der Kleidung. 1. Auflage, Bern 2010, S. 241.

[26] vgl.: HOFFMANN, Hans-Joachim: Kleidersprache - eine Psychologie der Illusion in Kleidung, Mode und Maskerade. Frankfurt am Main 1985, S. 190 f.

6. Die psychoanalytische Sicht

Soziologische und psychologische Faktoren stehen bezüglich Kleidung nicht isoliert voneinander, sondern müssen aufeinander bezogen werden, da sie ineinander greifen. Menschen müssen ein unterschiedliches Kleidererleben haben (soziologisch) und verschiedene Empfindungen bei dem Tragen von Kleidung (psychologisch) verspüren. JOHN FLÜGEL[27] entwickelte dafür neun ‚Kleidertypen‘. Bei den differenten Typen hat jeder ein anderes Interesse an Kleidung und somit auch eine andere Einstellung. Grundvoraussetzung ist dabei, dass bei dem Menschen überhaupt ein Interesse an Kleidung besteht. Dies wiederum geht davon aus, dass der Träger mit Kleidung angenehme Empfindungen wahrnimmt, wenn z.B. sein Körper in Kontakt mit besonderen Stoffen kommt oder aber auch Bewunderung über seine Kleidung geäußert wird.

1. Der ‚rebellische Typ‘ ist der schlichteste Typ, weil er wenig positive Befriedigung aus der Kleidung erhält. Kleidung engt ihn ein und behindert ihn. Er trägt, wenn überhaupt, nur dünne und leichte Kleidungsstücke.

2. Der ‚resignierte Typ‘ hat ähnliche Neigungen wie der rebellische Typ, nur hat er vor den Gewohnheiten und Konventionen des Kleidertragens kapituliert. Er zieht widerwillig an, was alle anziehen. Aufgrund einer unbewußten Hemmung hat er allerdings keine Vorstellung von der für ihn idealen Kleidung.

3. Der ‚nicht-emotionale Typ‘ hat kein Empfinden für seine Kleidung. Sie ist ihm gleichgültig und dementsprechend hat er auch keinen Sinn für Schicklichkeit oder das Bedürfnis nach Schutz durch Kleidung. Für diesen Typ ist alles andere wichtiger, aber bloß nicht die Kleidung.

4. Der ‚prüde Typ‘ hat einen Hang, sich gut zu kleiden. Alle exhibitionistischen Tendenzen sind bei ihm eindeutig besiegt. Die Enthüllung des eigenen nackten Körpers wird als peinlich und abstoßend erlebt.

5. Der ‚pflichtbewußte Typ‘ bevorzugt eine Kleidung, die steif und eng ist oder eine strenge Linie hat. Die Kleidung ist zu einem Symbol für Arbeit und Pflicht geworden. Er trennt scharf zwische ‚Arbeitskleidung‘ und ‚Freizeitkleidung‘, in der er sich ‚irgendwie anders‘ fühlt und dann eine weniger steife und strenge Lebenseinstellung einnimmt.

---

[27] FLÜGEL, John Carl: Individuelle Unterschiede. In: BLECKWENN, Ruth (Hrsg.): Kleidung und Mode. Baltmannsweiler 1981, S. 39 f.

6. Der ‚beschützte Typ' erfährt eine bewußte Befriedigung durch seine Kleidung. Er bevorzugt warme Kleidung, durch die er sich beschützt fühlt. Das Modische ist ihm nur sekundär wichtig.

7. Der ‚unterstützte Typ' fühlt sich durch die Kleidung angenehm gestärkt und gestützt, besonders durch enge und steife Kleidungsstücke. Bei diesem Typ finden sich narzistische und auto-erotische Elemente. Von daher kann es sein, daß er sich in einem Entscheidungskampf befindet zwischen einerseits lockerer und spärlicher Kleidung und andererseits steifer, abstützender Kleidung.

8. Der ‚sublimierte Typ' ist nach FLÜGEL der ideale Kleidungsträger. Für ihn verschmelzen narzistische Eigengefühle mit den aus der Kleidung gezogenen Befriedigungen zu einer harmonischen Einheit. Ein Nachteil dieses Typus ist, daß sein Interesse an Kleidung aus einem starken Narzissmus entstehen kann, was dann zu einem übertriebenen Interesse an der Zurschaustellung von Kleidung führt.

9. Der ‚selbstzufriedene Typ' ist ein Mensch, der keine Vorschläge zur Verbesserung von Kleidung hat. Er weiß, was er will und trägt seiner Ansicht nach die bestmögliche Kleidung. Menschen mit weniger Geschmacksempfinden verachtet er in der Regel. Das übersteigerte positive Selbstwertgefühl hat ein Vertreter dieses Typs auch auf das Kleidungsverhalten übertragen."[28] FLÜGELs Ergebnisse, Persönlichkeitstypen in Verbindung mit einem für sie typischen Kleidungserleben zu bringen und diese mit Hilfe des psychoanalytischen Denkmodells zu analysieren[29], sind die bisher genauesten Befunde[30]. Deutlich wird, wie unterschiedliche Menschen die Bedeutung der Kleidung sehen und anhand ihres Körpers reflektieren[31].

Es erscheint unerlässlich, nun dem Entstehungsprozess bzw. den zugrunde liegenden Auslösemechanismen des Kleidungsverhaltens nachzugehen und seine psychologischen Urfunktionen darzustellen. Dabei soll das Hauptaugenmerk auf das Kindesalter (Grundschulalter) gelegt werden. Welchen Einflussfaktoren ist bereits das Grundschulkind ausgesetzt? Inwieweit trägt Kleidung zur Identitätsbildung von Kindern bei?

---

[28] ebd., S. 34 ff.
[29] vgl.: KUNST, Gabriele: Die Bedeutung der Kleidung für den Bildungsprozeß Jugendlicher. Schriftliche Arbeit zur Erlangung des Magistergrades. Göttingen 1991, S. 23.
[30] Vorzugsweise durch Einbeziehung und Berücksichtigung konkreter Fälle konnten FLÜGELs Ansicht nach gute Ergebnisse erzielt werden, m.E. aber erscheinen mir seine Verallgemeinerungen doch sehr grob zu sein.
[31] Reflexion im Sinne von einem inneren Erleben durch äußere Gegebenheiten (Kleidung) und Unterstützung durch Ab- oder Zuneigung anderer.

Literaturverzeichnis (inklusive weiterführender Literatur):

- ABELS, Heinz: Kleider machen Leute, aber wollen wir das eigentlich? Hagen 2011.

- AHLHEIM, Karl-Heinz (u.a.): Duden - Fremdwörterbuch, Band 5. 2., verbesserte und vermehrte Auflage. Mannheim 1966.

- ARGYLE, Michael: Körpersprache und Kommunikation. Paderborn 1979.

- ASCHKE, Katja (Hrsg.): Kleider machen viele Leute. Mode machen – aber wie? Hamburg 1990.

- BAACKE, Dieter; VOLKMER, Ingrid; DOLLASE, Rainer und DRESING, Uschi: Jugend und Mode. Kleidung als Selbstinszenierung. Leverkusen 1988.

- BARTHES, Roland: Die Sprache der Mode. Frankfurt am Main 1985.

- BARTHES, Roland: Elemente der Semiologie. Frankfurt 1983.

- BERK, Laura E.: Entwicklungspsychologie. Pearson Studium – Psychologie. München 2005.

- DIE BIBEL MIT APOKRYPHEN nach der Übersetzung Martin Luthers in der revidierten Fassung von 1984. Stuttgart 1999.

- BLECKWENN, Ruth (Hrsg.): Kleidung und Mode. Baltmannsweiler 1981.

- CHALLAH, Nadia-Alexia: Modische Kleidung als Zeichen. Die westliche Kleidermode in pragmasemiotischer Sicht. Saarbrücken 2008.

- DUBS, Rolf: Lehrerverhalten. Ein Beitrag zur Interaktion von Lehrenden und Lernenden im Unterricht. Zürich 1995.

- EBNER, Claudia C.: Kleidung verändert. Mode im Kreislauf der Kultur. Bielefeld 2007.

- ECARIUS, Jutta: Individualisierung und soziale Reproduktion im Lebensverlauf. Konzepte der Lebenslaufforschung. Opladen 1996.

- FURTH, Hans G.: Piaget für Lehrer. 2. Auflage, Düsseldorf 1976.

- GAGE, Nathaniel L. und BERLINER, David C.: Pädagogische Psychologie. 4., völlig neu bearb. Auflage, Weinheim u.a. 1986.

- GIFFHORN, Hans: Modeverhalten. Ästhetische Normen und politische Erziehung. Köln 1974.

- HACKER, Hartmut: Vom Kindergarten zur Grundschule. Theorie und Praxis eines kindgerechten Übergangs. Bad Heilbrunn 1992.

- HELLMICH, Frank (Hrsg.): Selbstkonzepte im Grundschulalter. Modelle – empirische Ergebnisse – pädagogische Konsequenzen. Stuttgart 2011.

- HERZOG, Marianne: Mehrperspektivischer Textilunterricht. Ideen, Anregungen und Materialien für die Grundschule. Seelze 2003.

- HESSISCHE LANDESANSTALT FÜR PRIVATEN RUNDFUNK (Hrsg.): Medienkindheit – Markenkindheit. Untersuchungen zur multimedialen Verwertung von Markenzeichen für Kinder. München 2004.

- HOFFMANN, Hans-Joachim: Kleidersprache - eine Psychologie der Illusion in Kleidung, Mode und Maskerade. Frankfurt am Main 1985.

- HOFFMANN, Hans Joachim: Der Gebrauch von Kleidung. Beabsichtigte, erwartete und erhoffte Öffentlichkeit. In: Zeitschrift für Semiotik. POSNER, Roland (Hrsg.): Band 7, Heft 3. Tübingen 1985.

- HOLENSTEIN, André; SCHWEIZER MEYER, Ruth; WEDDIGEN, Tristan und ZWAHLEN, Sara Margarita (Hrsg.): Zweite Haut. Zur Kulturgeschichte der Kleidung. 1. Auflage, Bern 2010.

- JUSTO, Graciette Ruf da Cunha Duarte: Kleidung als symbolische Selbstinszenierung. Nonverbale Botschaften über das Individuum. Diplomarbeit für die Prüfung zum Erwerb des Akademischen Grades. Kassel 2005.

- KANNER, Heinrich; SINGER, Isidor und BAHR, Hermann (Hrsg.): Die Zeit. Wiener Wochenschrift für Politik, Volkswirtschaft, Wissenschaft und Kunst. 5. Band 1895, Nr. 54.

- KELLER, Gottfried: Kleider machen Leute. Reclam, Stuttgart 2000.

- KIENER, Franz: Kleidung, Mode und Mensch. München/Basel 1956.

- KNEER, Georg und NASSEHI, Armin: Niklas Luhmanns Theorie sozialer Systeme – Eine Einführung. München 1993.

- KNÖRZER, Wolfgang und GRASS, Karl: Den Anfang der Schulzeit pädagogisch gestalten. Weinheim und Basel, 2000.

- KOENIG, Otto: Verhaltensforschung in Österreich. Wien u.a. 1983.

- KÖNIG, René (Hrsg.): Aspekte der Entwicklungssoziologie. Köln u.a. 1969.

- KÖNIG, René: Menschheit auf dem Laufsteg. Die Mode im Zivilisationsprozeß. München u.a. 1985.

- KUGLER, Liselotte und ISENBORT, Gregor (Hrsg.): Fashion Talks. Museumsstiftung Post und Telekommunikation, 32 2011.

- KUNST, Gabriele: Die Bedeutung der Kleidung für den Bildungsprozeß Jugendlicher. Schriftliche Arbeit zur Erlangung des Magistergrades. Göttingen 1991.

- LEHNERT, Gertrud: Mode. Ein Schnellkurs. Köln 2008.

- LOSCHEK, Ingrid: Reclams Mode & Kostümlexikon. 3., revidierte und erweiterte Auflage, Stuttgart 1994.

- MIETZEL, Gerd: Wege in die Psychologie. 3., Auflage, Stuttgart 1987.

- PAYER, Margarete und PAYER, Alois: Freie Informationen für freie Bürger: Länder und Kulturen – Internationale Kommunikationskulturen. In: http://www.payer.de, Kapitel 10: Kulturelle Faktoren – Kleidung und Anstand, 3.3 Schamvermeidung als Funktion von Kleidung. Stuttgart 2001.

- PETRASCHECK-HEIM, Ingeborg. Die Sprache der Kleidung. Wesen und Wandel von Tracht, Mode Kostüm und Uniform. 2., neubearbeitete Auflage, Baltmannsweiler 1988.

- PIAGET, Jean: Das Weltbild des Kindes. Frankfurt am Main u.a. 1980.

- PRIEM, Karin; KÖNIG, Grudrun M. und CASALE, Rita (Hrsg.): Die Materialität der Erziehung. Kulturelle und soziale Aspekte pädagogischer Objekte. Zeitschrift für Pädagogik, 58. Beiheft, Weinheim u.a. 2012.

- REINACHER, Pia: Die Sprache der Kleider im literarischen Text. Untersuchungen zu Gottfried Keller und Robert Walser. Bern 1988.

- REINERT, Gerd-Bodo und THIELE, Joachim (Hrsg.): Nonverbale pädagogische Kommunikation. München 1977.

- RESCH, Franz et al.: Entwicklungspsychopathologie des Kindes- und Jugendalters. Ein Lehrbuch. 2., überarbeitete Auflage, Weinheim 1999.

- RODERER, Ursula: Mode als Symbol. Ein interaktionistischer Ansatz zur Bedeutung der Mode für Altersgruppen. Regensburg 1986.

- ROSENBUSCH, Heinz S. und SCHOBER, Otto (Hrsg.): Körpersprache in der schulischen Erziehung. Pädagogische und fachdidaktische Aspekte nonverbaler Kommunikation. Baltmannsweiler 1986.

- SCHEIPER, Petra: Textile Metamorphosen als Ausdruck gesellschaftlichen Wandels. Das Bekleidungsverhalten junger Männer und Frauen als Phänomen der Grenzverschiebung von Sex- und Gender-Identitäten. Wiesbaden 2008.

- SCHNIERER, Thomas: Modewandel und Gesellschaft. Die Dynamik von „in" und „out". Opladen 1995.

- SOMMER, Carlo M. und WIND, Thomas: Mode. Die Hüllen des Ich. Weinheim und Basel 1988.

- SOMMER, Carlo M. und WIND, Thomas: Die Mode. Wie das Ich sich darstellt. Weinheim und Basel 1991.

- WAGNER, Petra: Warum sagt Aschenputtel denn nichts? Soziale Ungleichheit und vorurteilsbewusste Bildung in Kindertageseinrichtungen. In: KinderTageseinrichtungen aktuell, KiTa spezial 2006, Nr. 4. Mannheim 2006.

- WEBER-KELLERMANN, Ingeborg: Die Kindheit. Eine Kulturgeschichte – Kleidung und Wohnen, Arbeit und Spiel. Frankfurt am Main 1979.

- WEBER-KELLERMANN, Ingeborg (Hrsg.): Der Kinder neue Kleider. Zweihundert Jahre deutsche Kindermoden in ihrer sozialen Zeichensetzung. Frankfurt am Main 1985.

- WIRTZ, Hermann-J. (Hrsg.): Kleider machen Leute - Leute machen Kleider. Baumwolle, Textilien und Bekleidung in der Weltwirtschaft. 1. Auflage, Düsseldorf 1981.

- ZEITMAGAZIN: 19.März 1998, 13. Ausgabe.

- ZIEGE, Eva-Maria: Die Kunst der Unterscheidung. Soziologie der Mode. In: Leviathan, März 2011, Heft 1.

INTERNETQUELLEN

- BROSE, Karin: http://schulkleidung.com/schulen.html (letzter Zugriff am 05.03.2013)

- HASEBRINK, Uwe und MOUSLY, Sara: http://www.lpr-hessen.de/files/Mediennutzung_Konsumverhalten.pdf (letzter Zugriff am 20.03.2013)

- SCHELLENBERGER, B.: http://www.erziehungstrends.de/node/171 (letzter Zugriff am 15.03.2013)

- WATZLAWICK, Paul: http://www.paulwatzlawick.de/axiome.html (letzter Zugriff am 02.03.2013)

- http://www2.leuphana.de/medienkulturwiki/medienkulturwiki2/index.php/Kulturkreislauf (letzter Zugriff am 27.02.2013)

- http://www.fairtrade-deutschland.de/fileadmin/user_upload/materialien/download/download_baumwollbroschuere2008.pdf (letzter Zugriff am 28.02.2013)

- http://www.lessing-stadtteilschule-hamburg.de/index.php/konzepte/schulkleidung (letzter Zugriff am 05.03.2013)

- http://www.kids-and-friends.de/research3.php?levela=&levelb=&levelc=192 (letzter Zugriff am 10.03.2013)

- http://www.psychology48.com/deu/d/halo-effekt/halo-effekt.htm (letzter Zugriff am 18.03.2013)

- http://www.sdi-research.at/lexikon/halo-effekt-definition-und-erklaerung.html (letzter Zugriff am 18.03.2013)

- http://www.sueddeutsche.de/leben/expertentipps-zur-erziehung-maedchen-probieren-sich-mit-sexy-kleidung-aus-1.1593979 (letzter Zugriff am 18.03.2013)

- http://www.bamf.de/SharedDocs/Anlagen/DE/Publikationen/WorkingPapers/wp07-einheitliche-schulkleidung.pdf?__blob=publicationFile (letzter Zugriff am 18.03.2013)

- http://www.partner-fuer-schule.nrw.de/dev/t3/fileadmin/user_upload/forum-schule/forum-schule-archiv/fs19/magbre.html (letzter Zugriff am 18.03.2013)

- http://www.schulen.regensburg.de/gerhardinger/Images/Schulkleidung/Auswer tung%20Umfrage%20Schulkleidung%20pdf.pdf (letzter Zugriff am 20.03.2013)

Mehr zu diesem Thema finden Sie in „Kleider machen Leute. Pädagogische Aspekte von Kleidung als nonverbaler Botschaft" von Karolin Strohmeyer, ISBN: 978-3-656-47715-0

http://www.grin.com/de/e-book/231829/